BENITO JUÁREZ

APUNTES PARA MIS HIJOS

BARCELONA 2014
WWW.LINKGUA-DIGITAL.COM

CRÉDITOS

Título original: Apuntes para mis hijos.

© 2014, Red ediciones S.L.

e-mail: info@red-ediciones.com

Diseño de cubierta: Mario Eskenazi

ISBN rústica: 978-84-9816-149-6.
ISBN ebook: 978-84-9816-068-0.

El diseño de este libro se inspira en *Die neue Typographie*, de Jan Tschichold, que ha marcado un hito en la edición moderna.

SUMARIO

APUNTES PARA MIS HIJOS

En 21 de marzo de 1806 nací en el pueblo de San Pablo Guelatao de la juris-dicción de Santo Tomás Ixtlán en el Estado de Oaxaca. Tuve la desgracia de no haber conocido a mis padres Marcelino Juárez y Brígida García, indios de la raza primitiva del país, porque apenas tenía yo tres años cuando murieron, habiendo quedado con mis hermanas María Josefa y Rosa al cuidado de nuestros abuelos paternos Pedro Juárez y Justa López, indios también de la nación Zapoteca. Mi hermana María Longinos, niña recién nacida pues mi madre murió al darla a luz, quedó a cargo de mi tía materna Cecilia García. A los pocos años murieron mis abuelos, mi hermana María Josefa casó con Tiburcio López del pueblo de Santa María Yahuiche, mi hermana Rosa casó con José Jiménez del pueblo de Ixtlán y yo quedé bajo la tutela de mi tío Bernardino Juárez, porque de mis demás tíos: Bonifacio Juárez había ya muerto, Mariano Juárez vivía por separado con su familia y Pablo Juárez era aún menor de edad.

Como mis padres no me dejaron ningún patrimonio y mi tío vivía de su trabajo personal, luego que tuve uso de razón me dediqué hasta donde mi tierna edad me lo permitía, a las labores del campo. En algunos ratos desocupados mi tío me enseñaba a leer, me manifestaba lo útil y conveniente que era saber el idioma castellano y como entonces era sumamente difícil para la gente pobre, y muy especialmente para la clase indígena adoptar otra carrera científica que no fuese la eclesiástica, me indicaba sus deseos de que yo estudiase para ordenarme. Estas indicaciones y los ejemplos que se me presentaban en algunos de mis paisanos que sabían leer, escribir y hablar la lengua castellana y de otros que ejercían el ministerio sacerdotal, despertaron en mí un deseo vehemente de aprender, en términos de que cuando mi tío me llamaba para tomarme mi lección, yo mismo le llevaba la disciplina para que me castigase si no la sabía; pero las ocupaciones de mi tío y mi dedicación al trabajo diario del campo contrariaban mis deseos y muy poco o nada adelantaba en mis lecciones. Además, en un pueblo corto, como el mío, que apenas contaba con veinte familias y en una época en que tan poco o nada se cuidaba de la educación de la juventud, no había escuela; ni siquiera se hablaba la lengua española, por lo que los padres de familia que podían costear la educación de sus hijos los llevaban a la ciudad de Oaxaca con este objeto, y los que no tenían la posibilidad de pagar la pensión correspondiente los llevaban a servir en las casas particulares a condición de que los enseñasen a leer y a escribir. Este era el único medio de educación que se adoptaba generalmente no solo en mi pueblo, sino en todo el Distrito de Ixtlán, de manera que era una cosa notable en aquella época, que la mayor parte de los sirvientes de las casas de la ciudad era de jóvenes de ambos sexos de aquel Distrito. Entonces más bien por estos hechos que yo palpaba que por una reflexión madura de que aún no era capaz, me formé la creencia de que solo yendo a la ciudad podría aprender, y al efecto insté muchas veces a mi tío para que me llevase a la Capital; pero sea por el cariño que me tenía, o por cualquier otro motivo, no se resolvía y solo me daba esperanzas de que alguna vez me llevaría.

Por otra parte yo también sentía repugnancia (de) separarme de su lado, dejar la casa que había amparado mi niñez y mi orfandad, y abandonar a mis tiernos compañeros de infancia con quienes siempre se contraen relaciones y simpatías profundas que la ausencia lastima marchitando el corazón. Era cruel la lucha que existía entre estos sentimientos y mi deseo de ir a otra sociedad, nueva y desconocida para mí, para procurarme mi educación. Sin embargo el deseo fue superior al sentimiento y el día 17 de diciembre de 1818 y a los doce años de mi edad me fugué de mi casa y marché a pie a la ciudad de Oaxaca a donde llegué en la noche del mismo día, alojándome en la casa de don Antonio Maza en que mi hermana María Josefa servía de cocinera. En los primeros días me dediqué a trabajar en el cuidado de la granja ganando dos reales diarios para mi subsistencia, mientras encontraba una casa en qué servir. Vivía entonces en la ciudad un hombre piadoso y muy honrado que ejercía el oficio de encuadernador y empastador de libros. Vestía el hábito de la Orden Tercera de San Francisco y, aunque muy dedicado a la devoción y a las prácticas religiosas, era bastante despreocupado y amigo de la educación de la juventud. Las obras de Feijoo y las epístolas de San Pablo eran los libros favoritos de su lectura. Este hombre se llamaba don Antonio Salanueva quien me recibió en su casa ofreciendo mandarme a la escuela para que aprendiese a leer y a escribir. De este modo quedé establecido en Oaxaca en 7 de enero de 1819.

En las escuelas de primeras letras de aquella época no se enseñaba la gramática castellana. Leer, escribir y aprender de memoria el Catecismo del Padre Ripalda era lo que entonces formaba el ramo de instrucción primaria. Era cosa inevitable que mi educación fuese lenta y del todo imperfecta. Hablaba yo el idioma español sin reglas y con todos los vicios con que lo hablaba el vulgo. Tanto por mis ocupaciones, como por el mal método de la enseñanza, apenas escribía, después de algún tiempo, en la 4.ª escala en que estaba dividida la enseñanza de escritura en la escuela a que yo concurría. Ansioso de concluir pronto mi rama de escritura, pedí pasar a otro establecimiento creyendo que de este modo aprendería con más perfección y con menos lentitud. Me presenté a don José Domingo González, así se llamaba mi nuevo preceptor, quien desde luego me preguntó ¿en qué regla o escala estaba yo escribiendo? Le contesté que en la 4.ª Bien, me dijo, haz tu plana que me presentarás a la hora que los demás presenten las suyas. Llegada la hora de costumbre presenté la plana que había yo formado conforme a la muestra que se me dio, pero no salió perfecta porque estaba yo aprendiendo y no era un profesor. El maestro se molestó y en vez de manifestarme los defectos que mi plana tenía y enseñarme el modo de enmendarlos solo me dijo que no servía y me mandó castigar. Esta injusticia me ofendió profundamente no menos que la desigualdad con que se daba la enseñanza en aquel establecimiento que se llamaba la Escuela Real; pues mientras el maestro en un departamento separado enseñaba con esmero a un número determinado de niños, que se llamaban decentes, yo y los demás jóvenes pobres como yo, estábamos relegados a otro departamento, bajo la dirección de un hombre que se titulaba ayudante y que era tan poco a propósito para enseñar y de un carácter tan duro como el maestro.

Disgustado de este pésimo método de enseñanza y no habiendo en la ciudad otro establecimiento a qué ocurrir, me resolví a separarme definitivamente de la escuela y a practicar por mí mismo lo poco que había aprendido para poder expresar mis ideas por medio de la escritura aunque fuese de mala forma, como lo es la que uso hasta hoy.

11

Entretanto, veía yo entrar y salir diariamente en el Colegio Seminario que había en la ciudad, a muchos jóvenes que iban a estudiar para abrazar la carrera eclesiástica, lo que me hizo recordar los consejos de mi tío que deseaba que yo fuese eclesiástico de profesión. Además era una opinión generalmente recibida entonces, no solo en el vulgo sino en las clases altas de la sociedad, de que los clérigos, y aún los que solo eran estudiantes sin ser eclesiásticos sabían mucho y de hecho observaba yo que eran respetados y considerados por el saber que se les atribuía. Esta circunstancia más que el propósito de ser clérigo para lo que sentía una instintiva repugnancia me decidió a suplicarle a mi padrino, así llamaré en adelante a don Antonio Salanueva porque me llevó a confirmar a los pocos días de haberme recibido en su casa, para que me permitiera ir a estudiar al Seminario ofreciéndole que haría todo esfuerzo para hacer compatible el cumplimiento de mis obligaciones en su servicio con mi dedicación al estudio a que me iba a consagrar.

Como aquel buen hombre era, según dije antes, amigo de la educación de la juventud no solo recibió con agrado mi pensamiento sino que me estimuló a llevarlo a efecto diciéndome que teniendo yo la ventaja de poseer el idioma zapoteco, mi lengua natal, podía, conforme a las leyes eclesiásticas de América, ordenarme a título de él, sin necesidad de tener algún patrimonio que se exigía a otros para subsistir mientras obtenían algún beneficio. Allanado de ese modo mi camino entré a estudiar gramática latina al Seminario en calidad de capense (vocablo con el que se designaba a los denominados alumnos externos, o sea aquellos que no residían en el Seminario) el día 18 de octubre de 1821, por supuesto, sin saber gramática castellana, ni las demás materias de la educación primaria. Desgraciadamente no solo en mí se notaba ese defecto, sino en los demás estudiantes generalmente por el atraso en que se hallaba la instrucción pública en aquellos tiempos.

Comencé, pues, mis estudios bajo la dirección de profesores, que siendo todos eclesiásticos la educación literaria que me daban debía ser puramente eclesiástica. En agosto de 1823 concluí mi estudio de gramática latina, habiendo sufrido los dos exámenes de estatuto con las calificaciones de excelente. En ese año no se abrió curso de artes y tuve que esperar hasta el año siguiente para comenzar a estudiar filosofía por la obra del Padre Jaquier; pero antes tuve que vencer una dificultad grave que se me presentó y fue la siguiente: luego que concluí mi estudio de Gramática latina mi padrino manifestó grande interés porque pasase yo a estudiar Teología moral para que el año siguiente comenzara a recibir las órdenes sagradas. Esta indicación me fue muy penosa, tanto por la repugnancia que tenía a la carrera eclesiástica, como por la mala idea que se tenía de los sacerdotes que solo estudiaban Gramática latina y Teología moral y a quienes por este motivo se ridiculizaba llamándolos Padres de Misa y olla o Larragos. Se les daba el primer apodo porque por su ignorancia solo decían misa para ganar la subsistencia y no les era permitido predicar ni ejercer otras funciones, que requerían instrucción y capacidad; y se les llamaba Larragos, porque solo estudiaban Teología moral por el padre Larraga. Del modo que pude manifesté a mi padrino con franqueza este inconveniente, agregándole que no teniendo yo todavía la edad suficiente para recibir el Presbiterado nada perdía con estudiar el curso de artes. Tuve la fortuna de que le convencieran mis razones y me dejó seguir mi carrera, como yo lo deseaba.

En el año de 1827 concluí el curso de artes habiendo sostenido en público dos actos que se me señalaron y sufrido los exámenes de reglamento con las calificaciones de excelente nemine discrepante (título que significaba que el grado de excelencia había sido concedido por unanimidad) y con algunas notas honrosas que me hicieron mis sinodales.

En este mismo año se abrió el curso de Teología y pasé a estudiar este ramo, como parte esencial de la carrera, o profesión a que mi padrino quería destinarme y acaso fue esta la razón que tuvo para no instarme ya a que me ordenara prontamente.

En esta época se habían ya realizado grandes acontecimientos en la Nación. La guerra de independencia iniciada en el pueblo de Dolores en la noche del 15 de septiembre de 1810 por el venerable cura don Miguel Hidalgo y Costilla con unos cuantos indígenas, armados de escopetas, lanzas y palos y conservada en las montañas del Sur por el ilustre ciudadano Vicente Guerrero llegó a terminarse con el triunfo definitivo del ejército independiente, que acaudillado por los generales Iturbide, Guerrero, Bravo, Bustamante y otros jefes ocupó la Capital del antiguo Virreinato el día 27 de septiembre de 1821. Iturbide abusando de la confianza que, solo por amor a la Patria le habían dispensado los jefes del ejército, cediéndole el mando y creyendo que a él solo se debía el triunfo de la causa nacional se declaró Emperador de México contra la opinión del Partido Republicano y con disgusto del Partido Monarquista que deseaba sentar en el trono de Moctezuma a un príncipe de la Casa de Borbón, conforme a los tratados de Córdoba, que el mismo Iturbide había aprobado y que después fueron nulificados por la Nación.

De pronto el silencio de estos partidos, mientras organizaban sus trabajos y combinaban sus elementos y el entusiasmo del vulgo, que raras veces examina a fondo los acontecimientos y sus causas y siempre admira y alaba todo lo que para él es nuevo y extraordinario, dieron una apariencia de aceptación general al nuevo Imperio que en verdad solo Iturbide sostenía. Así se explica la casi instantánea sublevación que a los pocos meses se verificó contra él, proclamándose la República y que lo obligó a abdicar, saliendo en seguida fuera del país. Se convocó desde luego a los pueblos para que eligieran a sus diputados con poderes amplios para que constituyeran a la Nación sobre las bases de Independencia, Libertad y República, que se acababan de proclamar; hechas las elecciones se reunieron los representantes del pueblo de la Capital de la República, y se abrió el debate sobre la forma de gobierno, que debía adoptarse. Entretanto el desgraciado Iturbide desembarca en Soto la Marina y es aprehendido y decapitado como perturbador del orden público. El Congreso sigue sus deliberaciones. El Partido Monárquico Conservador que cooperó a la caída de Iturbide más por odio a este jefe que por simpatías al Partido Republicano, estaba ya organizado bajo la denominación de el Partido Escocés y trabajaba en el Congreso por la centralización del poder y por la subsistencia de las clases privilegiadas con todos los abusos y preocupaciones que habían sido el apoyo y la vida del sistema virreinal. Por el contrario, el Partido Republicano quería la forma federal y que en la nueva Constitución se consignasen los principios de libertad y de progreso que hacían próspera y feliz a la vecina República de los Estados Unidos del Norte. El debate fue sostenido con calor y obstinación, no solo en el Congreso, sino en el público y en la prensa naciente de las provincias y al fin quedaron victoriosos los republicanos federalistas en cuanto a la forma de gobierno, pues se desechó la central y se adoptó la de la República representativa, popular, federal; pero en el fondo de la cuestión ganaron los centralistas, porque en la nueva Carta se incrustaron la intolerancia religiosa, los fueros de las clases privilegiadas, la institución de Comandancias Generales y otros contraprincipios que nulificaban la libertad y la federación que se quería establecer. Fue la Constitución de 1824 una transacción entre el progreso y el retroceso, que lejos de ser la base de una paz estable y de una verdadera libertad para la Nación, fue el semillero fecundo y constante de las convulsiones incesantes que ha sufrido la República y que sufrirá todavía mientras que la sociedad no recobre su nivel, haciéndose efectiva la igualdad de derechos y obligaciones entre todos los ciudadanos y entre todos los hombres que pisen el territorio nacional, sin privilegios, sin fueros, sin monopolios y sin odiosas distinciones; mientras que no desaparezcan los tratados que existen entre México y las potencias extranjeras, tratados que son inútiles, una vez que la suprema ley de la República sea el respeto inviolable y sagrado de los derechos de los hombres y de los pueblos, sean quienes fueren, con tal de que respeten los derechos de México, a sus autoridades y a sus leyes; mientras finalmente que en la República no haya más que una sola y única autoridad: la autoridad civil del modo que lo determine la voluntad nacional sin religión de Estado y desapareciendo los poderes militares y eclesiásticos, como entidades políticas que la fuerza, la ambición y el abuso han puesto enfrente del poder supremo de la sociedad, usurpándole sus fueros y prerrogativas y subalternándolo a sus caprichos.

El Partido Republicano adoptó después la denominación de El Partido Yorkino y desde entonces comenzó una lucha encarnizada y constante entre el Partido Escocés que defendía el pasado con todos sus abusos, y el Partido Yorkino que quería la libertad y el progreso; pero desgraciadamente el segundo luchaba casi siempre con desventaja porque no habiéndose generalizado la ilustración en aquellos días, sus corifeos, con muy pocas y honrosas excepciones, carecían de fe en el triunfo de los principios que proclamaban, porque comprendían mal la libertad y el progreso y abandonaban con facilidad sus filas pasándose al bando contrario, con lo que desconcertaban los trabajos de sus antiguos correligionarios, les causaban su derrota y retardaban el triunfo de la libertad y del progreso. Esto pasaba en lo general a la República en el año de 1827.

En lo particular del Estado de Oaxaca donde yo vivía se verificaban también, aunque en pequeña escala, algunos sucesos análogos a los generales de la Nación. Se reunió un Congreso Constituyente que dio la Constitución del Estado. Los partidos Liberal y Retrógrado tomaron sus denominaciones particulares llamándose Vinagre el primero y Aceite el segundo. Ambos trabajaron activamente en las elecciones que se hicieron de diputados y senadores para el primer Congreso Constitucional. El Partido Liberal triunfó sacando una mayoría de diputados y senadores liberales, a lo que se debió que el Congreso diera algunas leyes que favorecían la libertad y el progreso de aquella sociedad, que estaba enteramente dominada por la ignorancia, el fanatismo religioso y las preocupaciones. La medida más importante por sus trascendencias saludables y que hará siempre honor a los miembros de aquel Congreso fue el establecimiento de un Colegio Civil que se denominó Instituto de Ciencias y Artes; independiente de la tutela del clero, y destinado para la enseñanza de la juventud en varios ramos del saber humano, que era muy difícil aprender en aquel Estado donde no había más establecimiento literario que el Colegio Seminario Conciliar; en que se enseñaba únicamente Gramática Latina, Filosofía, Física elemental y Teología; de manera que para seguir otra carrera que no fuese la eclesiástica o para perfeccionarse en algún arte u oficio era preciso poseer un caudal suficiente para ir a la Capital de la Nación o a algún país extranjero para instruirse o perfeccionarse en la ciencia, o arte a que uno quisiera dedicarse. Para los pobres como yo, era perdida toda esperanza.

Al abrirse el Instituto en el citado año de 1827 el doctor don José Juan Canseco, uno de los autores de la ley que creó el establecimiento, pronunció el discurso de apertura, demostrando las ventajas de la instrucción de la juventud y la facilidad con que ésta podría desde entonces abrazar la profesión literaria que quisiera elegir. Desde aquel día muchos estudiantes del Seminario se pasaron al Instituto. Sea por este ejemplo, sea por curiosidad, sea por la impresión que hizo en mí el discurso del Dr. Canseco, sea por el fastidio que me causaba el estudio de la Teología por lo incomprensible de sus principios, o sea por mi natural deseo de seguir otra carrera distinta de la eclesiástica, lo cierto es que yo no cursaba a gusto la cátedra de Teología, a que había pasado después de haber concluido el curso de Filosofía. Luego que sufrí el examen de Estatuto me despedí de mi maestro, que lo era el Canónigo don Luis Morales, y me pasé al Instituto a estudiar jurisprudencia en agosto de 1828.

El Director y catedráticos de este nuevo establecimiento eran todos del Partido Liberal y tomaban parte, como era natural, en todas las cuestiones políticas que se suscitaban en el Estado. Por esto, y por lo que es más cierto, porque el clero conoció que aquel nuevo plantel de educación, donde no se ponían trabas a la inteligencia para descubrir la verdad, sería en lo sucesivo, como lo ha sido en efecto, la ruina de su poder basado sobre el error y las preocupaciones, le declaró una guerra sistemática y cruel, valiéndose de la influencia muy poderosa que entonces ejercía sobre la autoridad civil, sobre las familias y sobre toda la sociedad. Llamaban al Instituto casa de prostitución y a los catedráticos y discípulos, herejes y libertinos.

Los padres de familia rehusaban mandar a sus hijos a aquel establecimiento y los pocos alumnos que concurríamos a las cátedras éramos mal vistos y excomulgados por la inmensa mayoría ignorante y fanática de aquella desgraciada sociedad. Muchos de mis compañeros desertaron, espantados del poderoso enemigo que nos perseguía. Unos cuantos nomás quedamos sosteniendo aquella casa con nuestra diaria concurrencia a las cátedras.

En 1829 se anunció una próxima invasión de los españoles por el Istmo de Tehuantepec, y todos los estudiantes del Instituto concurrimos a alistarnos en la milicia cívica, habiéndoseme nombrado teniente de una de las compañías que se organizaron para defender la independencia nacional. En 1830 me encargué en clase de sustituto de la cátedra de Física con una dotación de 30 pesos con los que tuve para auxiliarme en mis gastos. En 1831 concluí mi curso de jurisprudencia y pasé a la práctica al bufete del licenciado don

17

Tiburcio Cañas. En el mismo año fui nombrado Regidor del Ayuntamiento de la Capital, por elección popular, y presidí el acto de Física que mi discípulo don Francisco Rincón dedicó al Cuerpo Académico del Colegio Seminario.

En el año de 1832 se inició una revolución contra la administración del Presidente de la República don Anastasio Bustamante que cayó a fines del mismo año con el Partido Escocés que lo sostenía. En principios de 1833 fui electo Diputado al Congreso del Estado. Con motivo de la Ley de Expulsión de Españoles dada por el Congreso General, el Obispo de Oaxaca, don Manuel Isidoro Pérez, no obstante de que estaba exceptuado de esta pena, rehusó continuar en su Diócesis y se fue para España. Como no quedaba ya ningún obispo en la República, porque los pocos que había se habían marchado también al extranjero, no era fácil recibir las órdenes sagradas y solo podían conseguirse yendo a La Habana o a Nueva Orleans, para lo que era indispensable contar con recursos suficientes, de que yo carecía. Esta circunstancia fue para mí sumamente favorable, porque mi padrino conociendo mi imposibilidad para ordenarme sacerdote, me permitió que siguiera la carrera del foro. Desde entonces seguí ya subsistiendo con mis propios recursos.

En el mismo año fui nombrado Ayudante del Comandante General don Isidro Reyes, que defendió la plaza contra las fuerzas del general Canalizo, pronunciado por el plan de Religión y Fueros iniciado por el Coronel don Ignacio Escalada en Morelia. Desde esa época el partido clérico-militar se lanzó descaradamente a sostener a mano armada y por medio de los motines, sus fueros, sus abusos y todas sus pretensiones antisociales. Lo que dio pretexto a este motín de las clases privilegiadas fue el primer paso que el Partido Liberal dio entonces en el camino de la Reforma, derogando las leyes injustas que imponían coacción civil para el cumplimiento de los votos monásticos y para el pago de los diezmos.

En enero de 1834 me presenté a examen de Jurisprudencia práctica ante la Corte de Justicia del Estado y fui aprobado expidiéndoseme el título de abogado. A los pocos días la Legislatura me nombró Magistrado interino de la misma Corte de Justicia cuyo encargo desempeñé poco tiempo. Aunque el pronunciamiento de Escalada secundado por Arista, Durán y Canalizo fue sofocado en el año anterior, sus promovedores siguieron trabajando y al fin lograron en este año destruir la administración de don Valentín Gómez Farías, a la que contribuyeron muchos de los mismos partidarios de aquella administración, porque comprendiendo mal los principios de libertad, como dije antes, marchaban sin brújula y eran conducidos fácilmente al rumbo que los empujaban sus ambiciones, sus intereses o sus rencores. Cayó por consiguiente la administración pública de Oaxaca en que yo servía y fui confinado a la ciudad de Tehuacán sin otro motivo que el de haber servido con honradez y lealtad en los puestos que se me encomendaron.

Revocada la orden de mi confinamiento volví a Oaxaca y me dediqué al ejercicio de mi profesión. Se hallaba todavía el clero en pleno goce de sus fueros y prerrogativas y su alianza estrecha con el poder civil, le daba una influencia casi omnipotente. El fuero que lo sustraía de la jurisdicción de los tribunales comunes le servía de escudo contra la ley y de salvoconducto para entregarse impunemente a todos los excesos y a todas las injusticias. Los aranceles de los derechos parroquiales eran letra muerta. El pago de las obvenciones se regulaba según la voluntad codiciosa de los curas. Había sin embargo algunos eclesiásticos probos y honrados que se limitaban a cobrar lo justo y sin sacrificar a los fieles; pero eran muy raros estos hombres verdaderamente evangélicos, cuyo ejemplo lejos de retraer de sus abusos a los malos, era motivo para que los censurasen diciéndoles que mal enseñaban a los pueblos y echaban a perder los curatos. Entretanto, los ciudadanos gemían en la opresión y en la miseria, porque el fruto de su trabajo, su tiempo y su servicio personal todo estaba consagrado a satisfacer la insaciable codicia de sus llamados pastores. Si ocurrían a pedir justicia muy raras veces se les oía y comúnmente recibían por única contestación el desprecio, o la prisión. Yo he sido testigo y víctima de una de estas injusticias. Los vecinos del pueblo de Loxicha ocurrieron a mí para que elevase sus quejas e hiciese valer sus derechos ante el tribunal eclesiástico contra su cura que les exigía las obvenciones y servicios personales, sin sujetarse a los aranceles. Convencido de la justicia de sus quejas por la relación que de ellas me hicieron y por los documentos que me mostraron, me presenté al Tribunal o Provisorato, como se le llamaba. Sin duda por mi carácter de Diputado y porque entonces regía en el Estado una administración liberal, pues esto pasaba a principios del año de 1834, fue atendida mi solicitud y se dio orden al cura para que se presentara a contestar los cargos que se le hacían, previniéndosele que no volviera a la parroquia hasta que no terminase el juicio que contra él se promovía; pero desgraciadamente a los pocos meses cayó aquella administración, como he dicho antes, y el clero, que había trabajado por el cambio, volvió con más audacia y sin menos miramientos a la sociedad y a su propio decoro, a ejercer su funesta influencia en favor de sus intereses bastardos.

El juez eclesiástico, sin que terminara el juicio que yo había promovido contra el cura de Loxicha; sin respetar sus propias decisiones y sin audiencia de los quejosos, dispuso de plano que el acusado volviera a su curato. Luego que aquel llegó al pueblo de Loxicha mandó prender a todos los que habían representado contra él y de acuerdo con el prefecto y con el juez del Partido, los puso en la cárcel con prohibición de que hablaran con nadie. Obtuvo órdenes de las autoridades de la Capital para que fuesen aprehendidos y reducidos a prisión los vecinos del citado pueblo que fueron a la ciudad a verme, o a buscar otro abogado que los patrocinara. Me hallaba yo entonces, a fines de 1834, sustituyendo la cátedra de Derecho Canónico en el Instituto y no pudiendo ver con indiferencia la injusticia que se cometía contra mis infelices clientes, pedí permiso al Director para ausentarme unos días y marché para el pueblo de Miahuatlán, donde se hallaban los presos, con el objeto de obtener su libertad. Luego que llegué a dicho pueblo me presenté al juez don Manuel María Feraud quien me recibió bien y me permitió hablar con los presos. En seguida le supliqué me informase el estado que tenía la causa de los supuestos reos y del motivo de su prisión; me contestó que nada podía decirme porque la causa era reservada; le insté que me leyese el auto de bien preso, que no era reservado y que debía haberse proveído ya, por haber transcurrido el término que la ley exigía para dictarse. Tampoco accedió a mi pedido, lo que me obligó ya a indicarle que presentaría un ocurso al día siguiente para que se sirviese darme su respuesta por escrito a fin de promover después lo que a la defensa de mis patrocinados conviniere en justicia. El día siguiente presenté mi ocurso, como lo había ofrecido; pero ya el juez estaba enteramente cambiado, me recibió con suma seriedad y me exigió el poder con que yo gestionaba por los reos; y habiéndole contestado que siendo abogado conocido y hablando en defensa de reos pobres no necesitaba yo de poder en forma, me previno que me abstuviese de hablar y que volviese a la tarde para rendir mi declaración preparatoria en la causa que me iba a abrir para juzgarme como vago. Como el cura estaba ya en el pueblo y el Prefecto obraba por su influencia, temí mayores tropelías y regresé a la ciudad con la resolución de acusar al juez ante la Corte de Justicia, como lo hice; pero no se me atendió porque en aquel tribunal estaba también representado el clero. Quedaban pues cerradas las puertas de la justicia para aquellos infelices que gemían en la prisión, sin haber cometido ningún delito, y solo por haberse quejado contra las vejaciones de un cura. Implacable éste en sus venganzas, como lo son generalmente los sectarios de alguna religión, no se conformó con los triunfos que obtuvo en los tribunales sino que quiso perseguirme y humillarme de un modo directo, y para conseguirlo hizo firmar al juez Feraud un exhorto, que remitió al juez de la Capital, para que procediese a mi aprehensión y me remitiese con segura custodia al pueblo de Miahuatlán, expresando por única causa de este procedimiento, que estaba yo en el pueblo de Loxicha sublevando a los vecinos contra las autoridades iy estaba yo en la ciudad distante cincuenta leguas del pueblo de Loxicha donde jamás había ido!

El juez de la Capital que obraba también de acuerdo con el cura, no obstante de que el exhorto no estaba requisitado conforme a las leyes, pasó a mi casa a la medianoche y me condujo a la cárcel sin darme más razón que la de que tenía orden de mandarme preso a Miahuatlán. También fue conducido a la prisión el licenciado don José Inés Sandoval a quien los presos habían solicitado para que los defendiese.

Era tan notoria la falsedad del delito que se me imputaba y tan clara la injusticia que se ejercía contra mí, que creí como cosa segura que el Tribunal Superior, a quien ocurrí quejándome de tan infame tropelía, me mandaría inmediatamente poner en libertad; pero me equivoqué, pues hasta al cabo de nueve días se me excarceló bajo de fianza, y jamás se dio curso a mis quejas y acusaciones contra los jueces que me habían atropellado.

Estos golpes que sufrí y que veía sufrir casi diariamente a todos los desvalidos que se quejaban contra las arbitrariedades de las clases privilegiadas en consorcio con la autoridad civil, me demostraron de bulto que la sociedad jamás sería feliz con la existencia de aquéllas y de su alianza con los poderes públicos y me afirmaron en mi propósito de trabajar constantemente para destruir el poder funesto de las clases privilegiadas. Así lo hice en la parte que pude y así lo haría el Partido Liberal; pero por desgracia de la humanidad el remedio que entonces se procuraba aplicar no curaba el mal de raíz, pues aunque repetidas veces se lograba derrocar la administración retrógrada reemplazándola con otra liberal, el cambio era solo de personas y quedaban subsistentes en las leyes y en las constituciones los fueros eclesiástico y militar, la intolerancia religiosa, la religión de Estado y la posesión en que estaba el clero de cuantiosos bienes de que abusaba fomentando los motines para cimentar su funesto poderío. Así fue que apenas se establecía una administración liberal, cuando a los pocos meses era derrocada y perseguidos sus partidarios.

Desde el año de 1839 hasta el de 40 estuve dedicado exclusivamente al ejercicio de mi profesión. En el año de 1841 la Corte de Justicia me nombró Juez de Primera Instancia del ramo Civil y de Hacienda de la Capital del Estado.

El 31 de julio de 1843 me casé con doña Margarita Maza, hija de don Antonio Maza y de doña Petra Parada.

En 1844, el gobernador del Estado, general don Antonio León, me nombró secretario del despacho del Gobierno y a la vez fui electo vocal suplente de la Asamblea Departamental. A los pocos meses se procedía a la renovación de los Magistrados del Tribunal Superior del Estado, llamado entonces Departamento porque regía la forma central en la Nación y fui nombrado fiscal segundo del mismo.

En el año de 1845 se hicieron elecciones de diputados a la Asamblea Departamental y yo aparecí como uno de tantos candidatos, que se proponían en el público. Los electores se fijaron en mí y resulté electo por unanimidad de sus sufragios. En principios de 1846 fue disuelta la Asamblea Departamental a consecuencia de la sedición militar, acaudillada por el general Paredes, que teniendo orden del Presidente don José Joaquín de Herrera, para marchar a la frontera, amagada por el ejército americano, se pronunció en la hacienda del Peñasco del Estado de San Luis Potosí y contramarchó para la Capital de la República a posesionarse del Gobierno, como lo hizo; entregándose completamente a la dirección del Partido Monárquico Conservador. El Partido Liberal no se dio por vencido. Auxiliado por el Partido Santanista trabajó activamente hasta que logró destruir la administración retrógrada de Paredes, encargándose provisionalmente de la Presidencia de la República el general don Mariano Salas.

En Oaxaca fue secundado el movimiento contra Paredes por el general don Juan Bautista Díaz; se nombró una Junta Legislativa y un Poder Ejecutivo compuesto de tres personas que fueron nombradas por una Junta de Notables. La elección recayó en don Luis Fernández del Campo, don José Simeón Arteaga y en mí y entramos desde luego a desempeñar este encargo con que se nos honró. Dada cuenta al Gobierno general de este arreglo resolvió que cesase la Junta Legislativa y que solo don José Simeón Arteaga quedara encargado del Poder Ejecutivo del Estado. Yo debí volver a la Fiscalía del Tribunal que era mi puesto legal, pero el Gobernador Arteaga lo disolvió para reorganizarlo con otras personas y en consecuencia procedió a su renovación nombrándome Presidente o Regente como entonces se llamaba al que presidía el Tribunal de Justicia del Estado.

El Gobierno general convocó a la Nación para que eligiese sus representantes con amplios poderes para reformar la Constitución de 1824 y yo fui uno de los nombrados por Oaxaca, habiendo marchado para la Capital de la República a desempeñar mi nuevo encargo a principios de diciembre del mismo año de 46. En esta vez estaba ya invadida la República por fuerzas de los Estados Unidos del Norte: el Gobierno carecía de fondos suficientes para hacer la defensa y era preciso que el Congreso le facilitara los medios de adquirirlos. El diputado por Oaxaca don Tiburcio Cañas hizo iniciativa para que se facultara al Gobierno para hipotecar parte de los bienes que administraba el clero a fin

23

de facilitarse recursos para la guerra. La proposición fue admitida y pasada a una comisión especial, a que yo pertenecí, con recomendación de que fuese despachada de preferencia. En 10 de enero de 1847 se presentó el dictamen respectivo consultándose la adopción de la medida que se puso inmediatamente a discusión. El debate fue sumamente largo y acalorado, porque el partido moderado, que contaba en la Cámara con una grande mayoría, hizo una fuerte oposición al proyecto. A las dos de la mañana del día 11 se aprobó, sin embargo, el dictamen en lo general; pero al discutirse en lo particular la oposición estuvo presentando multitud de adiciones a cada uno de sus artículos con la mira antipatriótica de que aun cuando saliese aprobado el decreto tuviese tantas trabas que no diese el resultado que el Congreso se proponía. A las 10 de la mañana terminó la discusión con la aprobación de la ley, que, por las razones expresadas, no salió con la amplitud que se deseaba.

Desde entonces el clero, los moderados y los conservadores redoblaron sus trabajos para destruir la ley y para quitar de la Presidencia de la República a don Valentín Gómez Farías, a quien consideraban como jefe del Partido Liberal. En pocos días lograron realizar sus deseos sublevando una parte de la guarnición de la (plaza) en los momentos en que nuestras tropas se batían en defensa de la independencia nacional en la frontera del norte y en la plaza de Veracruz. Este motín que se llamó de los Polkos fue visto con indignación por la mayoría de la República y considerando los sediciosos que no era posible el buen éxito de su plan por medio de las armas, recurrieron a la seducción y lograron atraerse al general Santa Anna que se hallaba a la cabeza del ejército, que fue a batir al enemigo en La Angostura y a quien el Partido Liberal acababa de nombrar Presidente de la República contra los votos del Partido Moderado y Conservador; pero Santa Anna, inconsecuente como siempre, abandonó a los suyos y vino a México violentamente a dar el triunfo a los rebeldes. Los pronunciados fueron a recibir a su protector a la Villa de Guadalupe llevando sus pechos adornados con escapularios y reliquias de santos como defensores de la religión y de los fueros. Don Valentín Gómez Farías fue destituido de la Vicepresidencia de la República y los diputados liberales fueron hostilizados negándoseles la retribución que la ley les concedía para poder subsistir en la Capital. Los diputados por Oaxaca no podíamos recibir ningún auxilio de nuestro Estado porque habiéndose secundado en él, el pronunciamiento de los Polkos, fueron destruidas las autoridades legítimas y sustituidas por las que pusieron los sublevados, y como de hecho el Congreso ya no tenía sesiones por falta de número, resolví volver a mi casa para dedicarme al ejercicio de mi profesión.

En agosto del mismo año llegué a Oaxaca. Los liberales, aunque perseguidos, trabajaban con actividad para restablecer el orden legal, y como para ello los autorizaba la ley, pues existía un decreto que expidió el Congreso General a moción mía y de mis demás compañeros de la diputación de Oaxaca reprobando el motín verificado en este Estado y desconociendo a las autoridades establecidas por los revoltosos, no vacilé en ayudar del modo que me fue posible a los que trabajaban por el cumplimiento de la ley que ha sido siempre mi espada y mi escudo.

El día 23 de noviembre logramos realizar con buen éxito un movimiento contra las autoridades intrusas. Se encargó del Gobierno el Presidente de la Corte de Justicia, licenciado don Marcos Pérez; se reunió la Legislatura que me nombró Gobernador interino del Estado.

El día 29 del mismo mes me encargué del poder que ejercí interinamente hasta el día 12 de agosto de 1848 en que se renovaron los poderes del Estado. Fui reelecto para el segundo período constitucional, que concluyó en agosto de 1852 en que entregué el mando al Gobernador interino don Ignacio Mejía. En el año de 1850 murió mi hija Guadalupe a la edad de dos años, y aunque la ley que prohibía el enterramiento de los cadáveres en los templos exceptuaba a la familia del Gobernador del Estado, no quise hacer uso de esta gracia y yo mismo llevé el cadáver de mi hija al cementerio de San Miguel, que está situado a extramuros de la ciudad para dar ejemplo de obediencia a la ley que las preocupaciones nulificaban con perjuicio de la salubridad pública. Desde entonces con este ejemplo y con la energía que usé para evitar los entierros en las iglesias quedó establecida definitivamente la práctica de sepultarse los cadáveres fuera de la población en Oaxaca.

Luego que en 1852 dejé de ser Gobernador del Estado se me nombró Director del Instituto de Ciencias y Artes y a la vez catedrático de Derecho Civil. En esos días había ya estallado el motín llamado revolución de Jalisco, contra el orden constitucional existente y en favor del partido retrógrado. Aunque yo no ejercía ya mando ninguno en el Estado, fui sin embargo perseguido no solo por los revoltosos que se apoderaron de la administración pública, sino aun por los mismos que habían sido mis correligionarios y que bajo mi administración había yo colocado en algunos puestos de importancia. Ambiciosos vulgares que se hacían lugar entre los vencedores sacrificando al hombre que durante su gobierno solo cuidó de cumplir su deber sin causarles mal ninguno. No tenían principios fijos, ni la conciencia de su propia dignidad y por eso procuraban siempre arrimarse al vencedor aunque para ello tuvieran que hacer el papel de verdugos. Yo me resigné a mi suerte sin exhalar una queja, sin cometer una acción humillante.

El día 25 de mayo de 1853 volví del pueblo de Ixtlán adonde fui a promover una diligencia judicial en ejercicio de mi profesión. El día 27 del mismo mes fui a la villa de Etla distante cuatro leguas de la ciudad a producir una información de testigos a favor del pueblo de Teococuilco y estando en esta operación como a las doce del día llegó un piquete de tropa armada a aprehenderme y a las dos horas se me entregó mi pasaporte con la orden en que se me confinaba a la villa de Jalapa del Estado de Veracruz. El día 28 salí escoltado por una fuerza de caballería con don Manuel Ruiz y don Francisco Rincón que iban igualmente confinados a otros puntos fuera del Estado. El día 4 de junio llegué a Tehuacán en donde se retiró la escolta. Desde ahí dirigí una representación contra la orden injusta que en mi contra se dictó. El día 25 llegué a Jalapa punto final de mi destino.

En esta villa permanecí 75 días, pero el Gobierno del general Santa Anna no me perdió de vista ni me dejó vivir en paz, pues a los pocos días de mi llegada ahí recibí una orden para ir a Jonacatepeque del Estado de México, dándose por motivo de esta variación, el que yo había ido a Jalapa desobedeciendo la orden del Gobierno que me destinaba al citado Jonacatepeque. Solo era esto un pretexto para mortificarme porque el pasaporte y orden que se me entregaron en Oaxaca decían terminantemente que Jalapa era el punto de mi confinamiento. Lo representé así y no tuve contestación alguna. Se hacía conmigo lo que el lobo de la fábula hacía con el cordero cuando le decía que le enturbiaba su agua. Ya me disponía a marchar para Jonacatepeque cuando recibí otra orden para ir al castillo de Perote. Aún no había salido de Jalapa para este último punto cuando se me previno que fuera a Huamantla del Estado de Puebla, para donde emprendí mi marcha el día 12 de septiembre; pero tuve necesidad de pasar por Puebla para conseguir algunos recursos con qué poder subsistir en Huamantla donde no me era fácil adquirirlos. Logrado mi objeto dispuse mi viaje para el día 19; mas a las diez de la noche de la víspera de mi marcha fui aprehendido por don José Santa Anna, hijo de don Antonio y conducido al cuartel de San José donde permanecí incomunicado hasta el día siguiente que se me sacó escoltado e incomunicado para el castillo de San Juan de Ulúa donde llegué el día 29. El capitán don José Isasi fue el comandante de la escolta que me condujo desde Puebla hasta Veracruz. Seguí incomunicado en el castillo hasta el día 5 de octubre a las once de la mañana en que el Gobernador del castillo, don Joaquín Rodal, me intimó la orden de destierro para Europa entregándome el pasaporte respectivo. Me hallaba yo enfermo en esta vez y le contesté al Gobernador que cumpliría la orden que se me comunicaba, luego que estuviese aliviado; pero se manifestó inexorable diciéndome que tenía orden de hacerme embarcar en el paquete inglés Avon que debía salir del puerto a las dos de la tarde de aquel mismo día y sin esperar otra respuesta, él mismo recogió mi equipaje y me condujo al buque. Hasta entonces cesó la incomunicación en que había yo estado desde la noche del 12 de septiembre.

El día 9 llegué a La Habana donde por permiso que obtuve del capitán general Cañedo, permanecí hasta el día 18 de diciembre que partí para Nueva Orleans donde llegué el día 29 del mismo mes.

Viví en esta ciudad hasta el 20 de junio de 1855 en que salí para Acapulco a prestar mis servicios en la compañía que los generales don Juan Álvarez y don Ignacio Comonfort dirigían contra el poder tiránico de don Antonio López de Santa Anna. Hice el viaje por La Habana y el istmo de Panamá y llegué al

27

puerto de Acapulco a fines del mes de julio. Lo que me determinó a tomar esta resolución fue la orden que dio Santa Anna de que los desterrados no podrían volver a la República sin prestar previamente la protesta de sumisión y obediencia al poder tiránico que ejercía en el país. Luego que esta orden llegó a mi noticia hablé a varios de mis compañeros de destierro y dirigí a los que se hallaban fuera de la ciudad una carta que debe existir entre mis papeles, en borrador, invitándolos para que volviéramos a la Patria, no mediante la condición humillante que se nos imponía, sino a tomar parte en la revolución que ya se operaba contra el tirano para establecer un gobierno que hiciera feliz a la Nación por los medios de la justicia, la libertad y la igualdad. Obtuve el acuerdo de ellos habiendo sido los principales: don Guadalupe Montenegro, don José Dolores Zetina, don Manuel Cepeda Peraza, don Esteban Calderón, don Melchor Ocampo, don Ponciano Arriaga y don José María Mata. Todos se fueron para la frontera de Tamaulipas y yo marché para Acapulco.

Me hallaba yo en este punto cuando en el mes de agosto llegó la noticia de que Santa Anna había abandonado el poder yéndose fuera de la República y que en la Capital se había secundado el plan de Ayutla encargándose de la Presidencia el general don Martín Carrera. El entusiasmo que causó esta noticia no daba lugar a la reflexión. Se tenía a la vista el acta del pronunciamiento y no se cuidaba de examinar sus términos, ni los antecedentes de sus autores para conocer sus tendencias, sus fines y las consecuencias de su plan. No se trataba más que de solemnizar el suceso, aprobarlo, y reproducir por la prensa el plan proclamado escribiéndose un artículo que lo encomiase. El redactor del periódico que ahí se publicaba me encargó de este trabajo. Sin embargo, yo llamé la atención del señor don Diego Álvarez manifestándole que si debía celebrarse la fuga de Santa Anna como un hecho que desconcertaba a los opresores, facilitándose así el triunfo de la revolución; de ninguna manera debía aprobarse el plan proclamado en México, ni reconocerse al Presidente que se había nombrado, porque el plan de Ayutla no autorizaba a la Junta que se formó en la Capital para nombrar Presidente de la República y porque siendo los autores del movimiento los mismos generales y personas que pocas horas antes servían a Santa Anna persiguiendo a los sostenedores del plan de Ayutla, era claro que viéndose perdidos por la fuga de su jefe, se habían resuelto a entrar en la revolución para falsearla, salvar sus empleos y conseguir la impunidad de sus crímenes aprovechándose así de los sacrificios de los patriotas que se habían lanzado a la lucha para librar a su Patria de la tiranía clérico-militar que encabezaba don Antonio López de Santa Anna. El señor don Diego Álvarez estuvo enteramente de acuerdo con mi opinión y con su anuencia pasé a la imprenta en la madrugada del día siguiente a revisar el artículo que ya se estaba imprimiendo y en que se encomiaba, como legítimo, el plan de la Capital.

El señor general don Juan Álvarez que se hallaba en Texca, donde tenía su cuartel general, conoció perfectamente la tendencia del movimiento de México: desaprobó el plan luego que lo vio y dio sus órdenes para reunir sus fuerzas a fin de marchar a la Capital a consumar la revolución que él mismo había iniciado.

A los pocos días llegó a Texca don Ignacio Campuzano, comisionado de don Martín Carrera, con el objeto de persuadir al señor Álvarez de la legitimidad de la Presidencia de Carrera y de la conveniencia de que lo reconocieren todos los jefes de la revolución con sus fuerzas. En la junta que se reunió para oír al comisionado y a que yo asistí por favor del señor Álvarez, se combatió de una manera razonada y enérgica la pretensión de Campuzano en términos de que él mismo se convenció de la impertinencia de su misión y ya no volvió a dar cuenta del resultado de ella a su comitente. En seguida marchó el general Álvarez con sus tropas con dirección a México. En Chilpancingo se presentaron otros dos comisionados de don Martín Carrera con el mismo objeto que Campuzano trayendo algunas comunicaciones del general Carrera. Se les oyó también en una junta a que yo asistí y como eran patriotas de buena fe, quedaron igualmente convencidos de que era insostenible la Presidencia de Carrera por haberse establecido contra el voto nacional contrariándose el tenor expreso del plan político y social de la revolución. A moción mía se acordó que en carta particular se dijese al general Carrera que no insistiese en su pretensión de retener el mando para cuyo ejercicio carecía de títulos legítimos como se lo manifestarían sus comisionados. Regresaron éstos con esta carta y don Martín Carrera tuvo el buen juicio de retirarse a la vida privada quedando de

Comandante Militar de la ciudad de México uno de los generales que firmaron el acta del pronunciamiento de la Capital pocos días después de la fuga del general Santa Anna. Los comisionados que mandó a Chilpancingo don Martín Carrera fueron don Isidro Olvera y el padre del señor don Francisco Zarco.

Continuó su marcha el señor Álvarez para Iguala, donde expidió un Manifiesto a la Nación y comenzó a poner en práctica: las prevenciones del plan de la revolución, a cuyo efecto nombró un consejo compuesto de un representante por cada uno de los Estados de la República. Yo fui nombrado representante por el Estado de Oaxaca. Este consejo se instaló en Cuernavaca y procedió desde luego a elegir Presidente de la República resultando electo por mayoría de sufragios el ciudadano general Juan Álvarez, quien tomó posesión inmediatamente de su encargo. En seguida formó su gabinete nombrando para Ministro de Relaciones Interiores y Exteriores al ciudadano Melchor Ocampo; para Ministro de Guerra al ciudadano Ignacio Comonfort; para Ministro de Hacienda al ciudadano Guillermo Prieto y para Ministro de Justicia e Instrucción Pública a mí. Inmediatamente se expidió la convocatoria para la elección de diputados que constituyeran a la Nación. Como el pensamiento de la revolución era constituir al país sobre las bases sólidas de libertad e igualdad y restablecer la independencia del poder civil, se juzgó indispensable excluir al clero de la representación nacional, porque una dolorosa experiencia había demostrado que los clérigos, por ignorancia o por malicia, se creían en los Congresos representantes solo de su clase y contrariaban toda medida que tendiese a corregir sus abusos y a favorecer los derechos del común de los mexicanos. En aquellas circunstancias era preciso privar al clero del voto pasivo, adoptándose este contraprincipio en bien de la sociedad, a condición de que una vez que se diese la Constitución y quedase sancionada la reforma, los clérigos quedasen expeditos al igual de los demás ciudadanos para disfrutar del voto pasivo en las elecciones populares.

El general Comonfort no participaba de esta opinión porque temía mucho a las clases privilegiadas y retrógradas. Manifestó sumo disgusto porque en el Consejo formado en Iguala no se hubiera nombrado algún eclesiástico, aventurándose alguna vez a decir que sería conveniente que el Consejo se compusiese en su mitad de eclesiásticos, y de las demás clases la otra mitad. Quería también que continuaran colocados en el ejército los generales, jefes y oficiales que hasta última hora habían servido a la tiranía que acababa de caer. De aquí resultaba grande entorpecimiento en el despacho del gabinete en momentos que era preciso obrar con actividad y energía para reorganizar la administración pública, porque no había acuerdo sobre el programa que debía seguirse. Esto disgustó al señor Ocampo que se resolvió a presentar su dimisión que le fue admitida. El señor Prieto y yo manifestamos también nuestra determinación de separarnos; pero a instancias del señor Presidente y por la consideración de que en aquellos momentos era muy difícil la formación de un nuevo gabinete, nos resolvimos a continuar. Lo que más me decidió a seguir en el Ministerio fue la esperanza que tenía de poder aprovechar una oportunidad para iniciar alguna de tantas reformas que necesitaba la sociedad para mejorar su condición, utilizándose así los sacrificios que habían hecho los pueblos para destruir la tiranía que los oprimía.

En aquellos días recibí una comunicación de las autoridades de Oaxaca en que se me participaba el nombramiento que don Martín Carrera había hecho en mí, de Gobernador de aquel Estado y se me invitaba para que marchara a recibirme del mando; mas como el general Carrera carecía de misión legítima para hacer este nombramiento, contesté que no podía aceptarlo, mientras no fuese hecho por autoridad competente.

Se trasladó el Gobierno unos días a la ciudad de Tlalpan y después a la Capital, donde quedó instalado definitivamente.

El señor Álvarez fue bien recibido por el pueblo y por las personas notables que estaban afiliadas en el partido progresista, pero las clases privilegiadas, los conservadores y el círculo de los moderados que lo odiaban, porque no pertenecía a la clase alta de la sociedad, como ellos decían, y porque rígido republicano y hombre honrado no transigía con sus vicios y con sus abusos, comenzaron desde luego a hacerle una guerra sistemática y obstinada, criti-cándole hasta sus costumbres privadas y sencillas en anécdotas ridículas e indecentes para desconceptuarlo. El hecho que voy a referir dará a conocer la clase de intriga que se puso en juego en aquellos días para desprestigiar al señor Álvarez.

Una compañía dramática le dedicó una función en el Teatro Nacional. Sus enemigos recurrieron al arbitrio pueril y peregrino de coligarse para no concurrir a la función y aun comprometieron algunas familias de las llamadas decentes para que no asistieran. Como los moderados querían apoderarse de la situación y no tenían otro hombre más a propósito por su debilidad de carácter para satisfacer sus pretensiones que el general Comonfort, se rodearon de él halagando su amor propio y su ambición con hacerle entender que era el único digno de ejercer el mando supremo por los méritos que había contraído en la revolución y porque era bien recibido por las clases altas de la sociedad. Aquel hombre poco cauto cayó en la red, entrando hasta en las pequeñas intrigas que se fraguaban contra su protector el general Álvarez, a quien no quiso acompañar en la función de teatro referida. He creído conveniente entrar en estos pormenores porque sirven para explicar la corta duración del señor Álvarez en la Presidencia y la manera casi intempestiva de su abdicación.

Mientras llegaban los sucesos que debían precipitar la retirada del señor Álvarez y la elevación del señor Comonfort a la Presidencia de la República yo me ocupé en trabajar la ley de administración de justicia. Triunfante la revolución era preciso hacer efectivas las promesas reformando las leyes que consagraban los abusos del poder despótico que acababa de desaparecer. Las leyes anteriores sobre administración de justicia adolecían de ese defecto, porque establecían tribunales especiales para las clases privilegiadas haciendo permanente en la sociedad la desigualdad que ofendía la justicia manteniendo en constante agitación al cuerpo social. No solo en este ramo sino en todos los que formaban la administración pública debía ponerse la mano, porque la revolución era social. Se necesitaba un trabajo más extenso para que la obra saliese perfecta en lo posible y para ello era indispensable proponer, discutir y acordar en el seno del gabinete un plan general, lo que no era posible porque desde la separación del señor Ocampo estaba incompleto el gabinete y el señor Comonfort a quien se consideraba como jefe de él no estaba conforme con las tendencias y fines de la revolución. Además la administración del señor Álvarez era combatida tenazmente, poniéndosele obstáculos de toda especie para desconceptuarla y obligar a su jefe a abandonar el poder. Era, pues, muy difícil hacer algo útil en semejantes circunstancias y ésta es la causa de que las reformas que consigné en la ley de justicia fueran incompletas, limitándome solo a extinguir el fuero eclesiástico en el ramo civil y dejándolo subsistente en materia criminal, a reserva de dictar más adelante la medida conveniente sobre este particular. A los militares solo se les dejó el fuero en los delitos y faltas puramente militares. Extinguí igualmente todos los demás tribunales especiales, devolviendo a los comunes el conocimiento de los negocios de que aquéllos estaban encargados.

Concluido mi proyecto de ley en cuyo trabajo me auxiliaron los jóvenes oaxaqueños licenciado Manuel Dublán y don Ignacio Mariscal, lo presenté al señor Presidente don Juan Álvarez que le dio su aprobación y mandó que se publicara como ley general sobre administración de justicia. Autorizada por mí se publicó en 23 de noviembre de 1855.

Imperfecta, como era esta ley, se recibió con grande entusiasmo por el Partido Progresista; fue la chispa que produjo el incendio de la Reforma que más adelante consumió el carcomido edificio de los abusos y preocupaciones; fue en fin el cartel de desafío que se arrojó a las clases privilegiadas y que el general Comonfort y todos los demás, que por falta de convicciones en los principios de la revolución, o por conveniencias personales, querían detener el curso de aquélla, transigiendo con las exigencias del pasado, fueron obligados a sostener arrastrados a su pesar por el brazo omnipotente de la opinión pública. Sin embargo, los privilegiados redoblaron sus trabajos para separar del mando al general Álvarez, con la esperanza de que don Ignacio Comonfort los ampararía en sus pretensiones. Lograron atraerse a don Manuel Doblado que se pronunció en Guanajuato por el antiguo plan de Religión y Fueros. Los moderados, en vez de unirse al Gobierno para destruir al nuevo cabecilla de los retrógrados, le hicieron entender al señor Álvarez que él era la causa de aquel motín porque la opinión pública lo rechazaba como gobernante, y como el Ministro de la Guerra que debiera haber sido su principal apoyó le hablaba también en ese sentido, tomó la patriótica resolución de entregar el mando al citado don Ignacio Comonfort en clase de sustituto, no obstante de que contaba aún con una fuerte división con qué sostenerse en el poder; pero el señor Álvarez es patriota sincero y desinteresado y no quiso que por su causa se encendiera otra vez la guerra civil en su Patria.

Luego que terminó la administración del señor Álvarez, con la separación de este jefe y con la renuncia de los que éramos sus Ministros, el nuevo Presidente organizó su gabinete nombrando, como era natural, para sus Ministros 3 personas del círculo moderado. En honor de la verdad y de la justicia debe decirse que en este círculo había no pocos hombres que solo por sus simpatías al general Comonfort o porque creían de buena fe que este jefe era capaz de hacer el bien a su país estaban unidos a él y eran calificados como moderados; pero en realidad eran partidarios decididos de la revolución progresista de lo que han dado pruebas irrefragables después, defendiendo con inteligencia y valor los principios más avanzados del progreso y de la libertad, así como también había muchos que aparecían en el Partido Liberal como los más acérrimos defensores de los principios de la revolución; pero que después han cometido las más vergonzosas defecciones pasándose a las filas de los retrógrados y de los traidores a la Patria. Es que unos y otros estaban mal definidos y se habían equivocado en la elección de sus puestos.

La nueva administración en vista de la aceptación general que tuvo la ley del 23 de noviembre se vio en la necesidad de sostenerla y llevarla a efecto. Se me invitó para que siguiera prestando mis servicios yendo a Oaxaca a restablecer el orden legal subvertido por las autoridades y guarnición que habían servido en la administración del general Santa Anna, que para falsear la revolución habían secundado el plan del general Carrera y que por último se habían pronunciado contra la ley sobre administración de justicia que yo había publicado. Tanto por el interés que yo tenía en la subsistencia de esta ley, como porque una autoridad legítima me llamaba a su servicio, acepté sin vacilación el encargó que se me daba, y a fines de diciembre salí de México con una corta fuerza que se puso a mis órdenes. Al tocar los límites del Estado los disidentes depusieron toda actitud hostil, ofreciendo reconocer mi autoridad.

El día 10 de enero dé 1856 llegué a la capital de Oaxaca y desde luego me encargué del mando que el general don José María García me entregó sin resistencia de ninguna clase.

Comencé mi administración levantando y organizando la guardia nacional y disolviendo la tropa permanente que ahí había quedado porque aquella clase de fuerza, viciada con los repetidos motines en que jefes ambiciosos y desmoralizados, como el general Santa Anna, la habían obligado a tomar parte, no daba ninguna garantía de estricta obediencia a la autoridad y a la ley y su existencia era una constante amenaza a la libertad y al orden público. Me propuse conservar la paz del Estado con solo mi autoridad de Gobernador para presentar una prueba de bulto de que no eran necesarias las Comandancias Generales cuya extinción había solicitado el Estado años atrás, porque la experiencia había demostrado que eran no solo inútiles sino perjudiciales. En efecto, un Comandante General con el mando exclusivo de la fuerza armada e independiente de la autoridad local, era una entidad que nulificaba completamente la soberanía del Estado, porque a los Gobernadores no les era posible tener una fuerza suficiente para hacer cumplir sus resoluciones. Eran llamados Gobernadores de Estados libres, soberanos e independientes; tenían solo el nombre, siendo en realidad unos pupilos de los Comandantes Generales. Esta organización viciosa de la administración pública fue una de las causas de los motines militares, que con tanta frecuencia se repitieron durante el imperio de la Constitución de 1824.

Sin embargo, como existían aún las leyes que sancionaban semejante institución y el Gobierno del señor Comonfort a pesar de la facultad que le daba la revolución no se atrevía a derogarlas, dispuso que en el Estado de Oaxaca continuaran y que yo como Gobernador me encargase también de la Comandancia General que acepté solo porque no fuese otro jefe a complicar la situación con sus exigencias, pues tenía la conciencia de que el Gobierno del Estado o sea la autoridad civil, podía despachar y dirigir este ramo como cualesquiera otros de la administración pública; pero cuidé de recomendar muy especialmente a los diputados por el Estado al Congreso Constituyente de que trabajaran con particular empeño para que en la nueva Constitución de la República quedasen extinguidas las Comandancias Generales.

Como en esta época no se había dado todavía la nueva Constitución, e Gobierno del señor Comonfort conforme al plan de Ayutla ejercía un pode central y omnímodo que toleraban apenas los pueblos por la esperanza que tenían de que la representación nacional les devolvería pronto su soberanía por medio de una Constitución basada sobre los principios democráticos que la última revolución había proclamado. El espíritu de libertad que reinaba entonces y que se avivaba con el recuerdo de la opresión reciente de despotismo de Santa Anna, hacía sumamente difícil la situación del Gobierno para cimentar el orden público, porque necesitaba usar de suma prudencia en sus disposiciones para reprimir las tentativas de los descontentos, sin herir la susceptibilidad de los Estados con medidas que atacasen o restringieser demasiado su libertad. Sin embargo, el señor Comonfort expidió un Estatuto orgánico que centralizaba de tal modo la administración pública que sometía al cuidado inmediato del poder general hasta los ramos de simple policía de las municipalidades. Esto causó una alarma general en los Estados. Las autoridades de Oaxaca representaron contra aquella medida pidiendo que se suspendieran sus efectos. No se dio una resolución categórica a la exposición pero de hecho no rigió en el Estado el Estatuto que se le quería imponer y e Gobierno tuvo la prudencia de no insistir en su cumplimiento.

En este año entró al Ministerio de Hacienda el señor don Miguel Lerdo de Tejada que presentó al señor Comonfort la ley sobre desamortización de los bienes que administraba el clero, y aunque esta ley le dejaba el goce de los productos de dichos bienes, y solo le quitaba el trabajo de administrarlos, nc se conformó con ella, resistió su cumplimiento y trabajó en persuadir al pueblo que era herética y atacaba a la religión, lo que de pronto retrajo a muchos de los mismos liberales de usar de los derechos que la misma ley les concedía para adquirir a censo redimible los capitales que el clero se negaba a reconocer con las condiciones que la autoridad le exigía.

Entonces creí de mi deber hacer cumplir la ley no solo con medidas del resorte de la autoridad, sino con el ejemplo para alentar a los que por un escrúpulo infundado se retraían de usar del beneficio que les concedía la ley. Pedí la adjudicación de un capital de 3800 pesos, si mal no recuerdo, que reconocía a una casa situada en la calle de Coronel; de la ciudad de Oaxaca. El deseo de hacer efectiva esta reforma y no la mira de especular, me guió para hacer esta operación. Había capitales de más consideración en que pude practicarla; pero no era este mi objeto.

En 1857 se publicó la Constitución política de la Nación y desde luego me apresuré a ponerla en práctica principalmente en lo relativo a la organización del Estado. Era mi opinión que los Estados se constituyesen sin pérdida de tiempo, porque temía que por algunos principios de libertad y de progreso que se habían consignado en la Constitución general estallase o formase pronto un motín en la Capital de la República que disolviese a los poderes supremos de la Nación; era conveniente que los Estados se encontrasen ya organizados para contrariarlo, destruirlo y restablecer las autoridades legítimas que la Constitución había establecido. La mayoría de los Estados comprendió la necesidad de su pronta organización y procedió a realizarla conforme a las bases fijadas en la Carta fundamental de la República. Oaxaca dio su Constitución particular que puso en práctica desde luego y mediante ella fui electo Gobernador Constitucional por medio de elección directa que hicieron los pueblos.

Era costumbre autorizada por ley en aquel Estado lo mismo que en los demás de la República que cuando tomaba posesión el Gobernador, éste concurría con todas las demás autoridades al Te Deum que se cantaba en la Catedral, a cuya puerta principal salían a recibirlo los canónigos; pero en esta vez ya el clero hacía una guerra abierta a la autoridad civil, y muy especialmente a mí por la ley de administración de justicia que expedí el 23 de noviembre de 1855 y consideraba a los gobernantes como herejes y excomulgados. Los canónigos de Oaxaca aprovecharon el incidente de mi posición para promover un escándalo. Proyectaron cerrar las puertas de la iglesia para no recibirme con la siniestra mira de comprometerme a usar de la fuerza mandando abrir

las puertas con la policía armada y a aprehender a los canónigos para que m
administración se inaugurase con un acto de violencia o con un motín si e
pueblo a quien debían presentarse los aprehendidos como mártires, tomaba
parte en su defensa. Los avisos repetidos que tuve de esta trama que se urdía
y el hecho de que la iglesia estaba cerrada, contra lo acostumbrado en casos
semejantes, siendo ya la hora de la asistencia, me confirmaron la verdad de
lo que pasaba. Aunque contaba yo con fuerzas suficientes para hacerme
respetar procediendo contra los sediciosos y la ley aún vigente sobre cere-
monial de posesión de los Gobernadores me autorizaban para obrar de esta
manera; resolví, sin embargo, omitir la asistencia al Te Deum, no por temor a
los canónigos, sino por la convicción que tenía de que los gobernantes de la
sociedad civil no deben asistir como tales a ninguna ceremonia eclesiástica, s
bien como hombres pueden ir a los templos a practicar los actos de devoción
que su religión les dicte. Los gobiernos civiles no deben tener religión porque
siendo su deber proteger imparcialmente la libertad que los gobernados tienen de seguir y practicar la religión que gusten adoptar, no llenarían fielmente
ese deber si fueran sectarios de alguna. Este suceso fue para mí muy plausible
para reformar la mala costumbre que había de que los gobernantes asistiesen
hasta a las procesiones y aún a las profesiones de monjas, perdiendo el tiempo
que debían emplear en trabajos útiles a la sociedad. Además, consideré que
no debiendo ejercer ninguna función eclesiástica ni gobernar a nombre de la
Iglesia, sino del pueblo que me había elegido, mi autoridad quedaba íntegra y
perfecta, con solo la protesta que hice ante los representantes del Estado de
cumplir fielmente mi deber. De este modo evité el escándalo que se proyectó
y desde entonces cesó en Oaxaca la mala costumbre de que las autoridades
civiles asistiesen a las funciones eclesiásticas. A propósito de malas costumbres había otras que solo servían para satisfacer la vanidad y la ostentación de
los gobernantes como la de tener guardias de fuerza armada en sus casas y
la de llevar en las funciones públicas sombreros de una forma especial. Desde
que tuve el carácter de Gobernador abolí esta costumbre usando de sombre-
ro y traje del común de los ciudadanos y viviendo en mi casa sin guardia de
soldados y sin aparato de ninguna especie porque tengo la persuasión de que
la respetabilidad del gobernante le viene de la ley y de su recto proceder y no

de trajes ni de aparatos militares propios solo para los reyes de teatro. Tengo el gusto de que los gobernantes de Oaxaca han seguido mi ejemplo.

LIBROS A LA CARTA

A la carta es un servicio especializado para
empresas,
librerías,
bibliotecas,
editoriales
y centros de enseñanza;
y permite confeccionar libros que, por su formato y concepción, sirven a los propósitos más específicos de estas instituciones.

Las empresas nos encargan ediciones personalizadas para marketing editorial o para regalos institucionales. Y los interesados solicitan, a título personal, ediciones antiguas, o no disponibles en el mercado; y las acompañan con notas y comentarios críticos.

Las ediciones tienen como apoyo un libro de estilo con todo tipo de referencias sobre los criterios de tratamiento tipográfico aplicados a nuestros libros que puede ser consultado en www.linkgua-digital.com.

Linkgua edita por encargo diferentes versiones de una misma obra con distintos tratamientos ortotipográficos (actualizaciones de carácter divulgativo de un clásico, o versiones estrictamente fieles a la edición original de referencia). Este servicio de ediciones a la carta le permitirá, si usted se dedica a la enseñanza, tener una forma de hacer pública su interpretación de un texto y, sobre una versión digitalizada «base», usted podrá introducir interpretaciones del texto fuente. Es un tópico que los profesores denuncien en clase los desmanes de una edición, o vayan comentando errores de interpretación de un texto y esta es una solución útil a esa necesidad del mundo académico.

Asimismo publicamos de manera sistemática, en un mismo catálogo, tesis doctorales y actas de congresos académicos, que son distribuidas a través de nuestra Web.

El servicio de «libros a la carta» funciona de dos formas.

1. Tenemos un fondo de libros digitalizados que usted puede personalizar en tiradas de al menos cinco ejemplares. Estas personalizaciones pueden ser de todo tipo: añadir notas de clase para uso de un grupo de estudiantes, introducir logos corporativos para uso con fines de marketing empresarial, etc. etc.

2. Buscamos libros descatalogados de otras editoriales y los reeditamos en tiradas cortas a petición de un cliente.